사진촬영_ 김현리

박 시우

국수 삶는 저녁

애지시선 063

국수삶는 저녁

2015년 11월 13일 초판 1쇄 발행

지은이 박시우
펴낸이 윤영진
편 집 함순례
홍 보 한천규
펴낸곳 도서출판 애지
등록 제 2005-5호
주소 300 - 812 대전광역시 동구 대전로 867번길 46 4층
전화 042 637 9942
팩스 042 635 9941
전자우편 ejiweb@hanmail.net

ISBN 978-89-92219-61-7 03810

애지시선 063

국수 삶는 저녁

박시우 시집

□ 시인의 말

바위는 대지가 피워올린 한 송이 연꽃
바다는 연잎에 맺힌 하나의 물방울
게으르고 미욱한 인연을 만나 고생한 저 언어들.

먼 길 에돌아오면서 생각한다.
내 시어들은 가두리 양식장에서 키우고 싶지 않다.

2015년 11월

박시우

차례

제2부

제3부

제4부

제1부

초경

내설악 한계사지 석탑 앞에서
한 조각 적멸을 생각하고 있을 때
딸은 초승달처럼 몸을 구부리고
종일 아랫배를 쓰다듬었다
입술 마른 바람에게
푸른 초유를 적셔주는 초여름 나뭇잎
산 그림자는 탁발 나갔다 돌아와
빈 좌대에서 가부좌를 튼다
숲에서 날아오른 곤줄박이
부리 끝으로 가리봉을 쪼는 저물녘,
닫힌 산문이 열리더니
엄마 뱃속에서 나온 등고선 하나
가파른 능선으로 걸어간다
날이 저물어도
뒤돌아보지 말라고
가문 계곡 돌부리가 환하다

사막의 광대뼈

그 여자는 모래였다
발목까지 빠지는 그 여자 가슴에는
이정표가 없다
가끔 길 잃은 낙타가 하룻밤을 보낼 뿐
아무도 찾아오지 않았다
모래폭풍이 불면 그 여자
모래처럼 울었다
눈물은 따가웠다
조금씩 쌓인 눈물이 언덕을 만들었다
언덕에 오르면 그 여자 일생이 펼쳐졌다
광활한 신기루, 위대했던 순간은 짧았고
비굴했던 날들은 목숨처럼 길었다
그 여자 아이라인이 짙어갔다
허물어지지 않으려고
그 여자
모래의 뿌리를 허리에 감았다

국수 삶는 저녁

소나기 내린다
아내에게 전화 건다
수화기에서 빗소리 들린다
비가 오면 아내는 가늘어진다
빗줄기는 혼자 서 있지 못한다
누군가 곁에 있어야 걸을 수 있다
가늘어진 아내가 국수를 삶는다
빗줄기가 펄펄 끓는다
꽉 막힌 도로가 냄비 안에서 익어간다
빗물받이 홈통에서 육수가 흘러나온다
가로수 이파리들이 고명으로 뿌려진다
젓가락을 대자 불어터진 도로가 끊어진다
지친 아내가 유리창에 습자지처럼 붙는다
빗줄기가 아내의 몸을 베낀다
혓바닥이 아내를 집어삼킨다

아무도 돌아오지 않은 봄바다

나무에 꽃이 핀다한들
눈가에 핀 소금꽃만 하랴
천지에 햇살이 퍼진다한들
그늘 한쪽 내어줄 수 없다
이 봄, 저 남녘 바다에는 아직
수상한 그림자들이 떠다닌다
비늘 싱싱한 숭어들아
올봄에는 조용히 오시라
저 물길 아래에
어린 영혼들이 누워 있으니
헐떡이는 붉은 아가미로
뜨거운 숨결 불어 넣어 주시라
바람 불면 벚꽃들아
꿈 많은 입술로 재잘재잘 날리시라
이제 봄은 견디는 계절
그리고 돌아서서 흐느끼며
어금니를 깨무는 시간,

바다에서는 아무도 돌아오지 않았고
등 뒤에는 산 하나가
허물어지고 있다

산막리 백작의 만가대 수업시대

그는 목덜미가 불그죽죽한 사내
붉은 목덜미는 그의 힘

그는 구름의 울타리를 치는 목동 낮은 휘파람으로 해질녘 숲속에서 서성이는 짐승들을 불러 모았다 그는 늘 굶주렸지만 아무도 알 수 없는 신비한 힘을 가진 방랑자 그는 작은 숲에서 살았다 숲으로 가는 길은 언제나 축축했다 두 다리는 야속한 세월을 헤쳐 온 수레바퀴 그는 가끔 마을에 내려와 조용히 술을 마시기도 하였다 그때마다 은단 같은 눈물방울이 떨어졌다 들릴 듯 말 듯한 어떤 중얼거림과 함께

검은 콜타르가 칠해진 영혼이여
바람 부는 길에서 방황하는 헛된 발걸음이여
나에게 더 이상 길을 묻지 마세요
나는 알코올램프의 푸른 불꽃을 그리워하는 방랑자
아무것도 모르며 홀로 늙어간답니다

어떤 갠 날, 바스락거리는 몇 잎의 추억을 남기며 그는 숲을 떠났다 그가 살았던 작은 숲에는 눈이 쌓이고…

그는 목덜미가 불그죽죽한 사내
붉은 목덜미는 그의 힘

백수광부의 노래

구름의 만찬은 끝났구나 활엽수들만 스치고 남녘으로 내려가는 단풍은 얼마나 장엄한지 나는 가끔 넋을 잃곤 한다 그렇지만 안다 이 짧은 계절 동안 모든 육신은 분주한데 가끔 실성한 자들이 단풍잎에 혀가 잘리는 것을 어쩌다 공중 가득 날리는 작고 검은 풀씨들과 마주치면 황망히 시선을 거둔다 그렇다 가을은 내게 많은 놀라움을 안겨 주었으니 살아 있는 모든 생의 비밀을 단단한 열매로 땅에 떨어뜨리는 햇살을 어찌 탓하랴

기억하느냐, 지난 봄여름 숨죽여 보내면서 차곡차곡 슬픔을 쌓아둔 억새가 햇살 한 줌에 광채를 띠며 우는 모습을 들리느냐, 바람에 실려 오는 주군의 낮은 목소리 따라 화답하는 억새의 흐느낌을 흰머리 산발한 억새는 뉘 집 자손이기에 이리 슬피 우는가 목이 쉴 즈음 누군가 메마른 가슴팍에 불을 놓으면 주군의 화급한 호명에 억새꽃들은 일제히 하늘로 날아오른다

약실 가득 노을을 장전한 긴 그림자가 마을을 조준하는 저물녘, 내 뒤에 흉기 같은 그림자가 드리워졌을 때 나는 고개 한번 돌리지 않았다 술집의 붉은 주렴을 들추며 사내가 불쑥 자신을 주군이라고 말할 때 두려움도 희망도 아니었다 막차를 놓친 사내는 오늘밤 억새꽃처럼 몸을 둥글게 말아 내부를 더 황폐하게 만들 뿐

얼어붙은 호수에서 체포되다

인기척 없는 세월 속에서
한 여자 조용히 어깨를 들먹이고 있네
아무도 그 모습 볼 수 없지만
종이인형 같은 한 남자
여자 곁에 서 있네

아무 집착 없는 두 눈동자에 어느 날
푸른 정거장이 들어서더니
한 남자 내려 걸어오고 있네
환한 여자의 얼음집
살갗처럼 따뜻하네

여자는 어디론가 떠나고 싶었네
뿔피리를 부는 소년들이 모여 사는
섬나라로 가고 싶었네
그러나 동화책은 너무 낡아
여자를 데려갈 수가 없었네

얼어붙은 호수에서…여자는 체포되었네
동행자는 세월이었네
아무도 그 모습 볼 수 없지만
한 남자
여자 곁에 오래도록 서 있었네

닭 기르는 사내

주름투성이 사내는 가끔
알아들을 수 없는 말을 중얼거린다
낡은 유리문에 빗줄기가 들이친다
어둑어둑한 그늘 속에서
사내는 푸르스름한 담배연기를 피워 올린다
이런 고약한 저녁은 믿을 수가 없어
한곳에 오래 있다 보니
모든 것이 예사롭지 않단 말이야
사내는 진열대에서 오래된 과자봉지를 집어 든다
그리고 생각난 듯 벽시계를 올려다본다
어서 가을이 왔으면 좋겠어
단풍든 산은 꼭 읽고 싶은 책처럼 보여서 말이야
라면국물까지 비우는 걸 보니 꽤 굶주렸군
이봐, 하룻밤 묵을 셈인가?

비를 피해 가게 안으로 뛰어든 닭이
사내의 말을 끊는다

그는 말없이 과자부스러기를 던져준다
사내는 흔들리는 벼슬을 물끄러미 바라본다
구겨진 은박지를 닮은 입술이 파르르 떨린다
이 닭은 신통한 구석이 있어
제 주인을 닮아 껍질 없는 달걀을 낳곤 하지

사내는 유리문을 열고 천천히 걸어 나간다
비바람에 번들거리는 진흙길
사내는 품안에서 칼을 꺼낸다
번개가 사방으로 잔가지를 뻗으며 사내에게 달려든다
과자를 쪼던 닭이
별안간 홰를 치며 공중으로 날아오른다
유리문에 소름이 돋고
나는 산골 민박집에 갇힌다
오늘밤 다시 올까
아무도 본 적 없다는
저 사내와 닭

검은 기와집에 갇힌 그믐밤

사람들은 강 건너편을 세월이라고 불렀다
어린 나는 그 뜻을 잘 몰랐지만
아버지는 강가에 나가 하염없이 건너편을 바라보았다
그런 날이면 검은 기와집 할아버지는
종일 낡은 서가에서 살았다
할아버지 침침한 눈이 더듬거리며
열하일기를 펼칠 때
강 건너편에서는 흰 광채가 일었다

그곳에 다녀온 사람은 아무도 없었다
들리는 말에는 거대한 소금왕국이 있었다고 한다
액체가 고체로 서서히 변하는 신비한 고장,
호기심 많은 아버지는 강물에 뛰어들었다가
거센 물살에 그만 정신을 반 놓아버렸다
할머니는 아버지 이마를 짚어보면서 혀를 끌끌 찼다
할아버지는 그저 탁, 소리가 나도록
책을 덮을 뿐 미동도 않고

문틈 사이로 쏟아져 들어온 무성한 햇살과
먼지들의 난무를 지켜보았다

결국 아버지는 할아버지의 영인본이었다
그해 겨울, 낡은 서가에는 원본이 사라지고
영인본만 홀로 남아 자리를 지켰다
먼지는 당분간 그를 지켜줄 것이다
영인본은 속성상 끊임없이 먼지를 그리워하니까

나는 검은 기와집이 언젠가 흔적도 없이
무너질 것을 믿는다
밤마다 주문에 걸린 고양이들이
잡풀 솟은 지붕 위를 돌아다니며
식은땀 흘리는 영인본 입 속으로
가느다란 약물 같은 울음을 흘려보낼 때
뜬다, 저 그믐달,
아래서 숨을 헐떡이는 영인본

창백한 김이 피어오르는 우물
헛간에서 예리한 그림자를 끌고 나와
사방을 찬찬히 둘러보는 원전의 도포자락

나는 마당으로 내려앉아 중얼거린다
이건 한낱 악몽일 뿐이야,
대문에 빗장이 단단히 걸린
검은 기와집,
마당에 갇힌 그믐밤이
고약처럼 응고된다

체 내리는 집

비린 반찬 하나 없는 끼니
그늘을 삼킨 배는 자주 아팠다
얇은 팔뚝을 쓸어내리는 나주댁
쪽진 머리에 바늘을 두어 번 긁고
가늘게 몸이 떨리더니 따끔,
엄지에 검붉은 묏등이 솟아올랐다
밥 먹고 바로 눕지 말더라고,
마당에 영산강 안개가 밀려들었다
기울어진 문패
문턱을 넘으면
가장 먼저 어둠이 찾아드는
체한 날들

장봉도에서

물때를 놓쳐 찾아간 해변가 음식점
주인 내외는 뭍으로 외출
바닷물도 건너편 섬으로 출타
야영장 데크에 앉아 해변을 바라본다
허기가 깊으면
물기에 젖은 모든 것들을 입에 넣고 싶다
물 빠진 갯벌은 얼마나 요염한가
고랑마다 애액이 흥건하다
발가락 사이를 헤집는 뻘의 교성에 감전되어
거대한 음부 한가운데 주저앉아
사리 물살을 기다리는 섬들
달이 기울면
섬과 섬의 거리만큼
서늘해져서 밀려드는 흙탕물
바지락 같은 첫사랑이 헹궈지고
영종도행 막배는 선착장에 노을만 부려놓는다
뒤늦게 들이마시는 뜨거운 칼국수

섬으로 모여든 해안길 우려낸
울퉁불퉁한 국물이 짜다
조새 같은 달
하늘에 달라붙은 생굴을 따고 있다

오월을 바라보는 사중주

꽃은 피어나는 순간, 만장이다
만장 아래서 돋아나는 무덤
그늘 모서리를 뾰족하게 깎는 바람
도망치다가 그늘에 찔린 발자국
만장은 나부끼는 순간, 꽃이다

302호에는 달집이 없다

달집에 물혹이 생긴 여자는 미간을 자주 찌푸린다
주름살 협곡에 언젠가 물이 흐른 흔적이 있다
아랫배가 묵지근할 때마다 조금씩 구부러지는 허리
어떤 달은 생리를 두 번 할 때도 있었다
몸에서 빠져나간 피만큼 여자는 시장통 사내들 틈에 끼어
선짓국을 먹는다, 피비린내를 맡은 사내들은
오늘밤 벼르던 달집을 태울 것이다

노인정 입구의 굽은 소나무는 며칠 전부터 주사를 맞고 있다
그가 견뎌온 저 허공의 무게,
뿌리로 돌아가기 위해 노인들은 한없이 몸을 낮춰
지팡이로 그림자를 쿡쿡 찍으며 바닥만 보고 다닌다

몸에 칼 대는 걸 싫어하는 여자, 흉기보다 더 검은
저물녘 놀이터 철봉을 보는 것조차 몸서리쳤다

닭을 손질하다가도 가끔 텅 빈 뱃속을 들여다본다
물컹거리는 것들은 얼마나 집착이 센지
고무장갑에 달라붙은 껍질이 잘 떨어지지 않는다

소나무는 잎들을 모두 떨어뜨렸다
전기톱이 밑동을 잘라내자 기억을 되찾은 나이테가
관리소장 안경에 촘촘한 동심원을 그린다
여자는 아래가 허전해 뜨거운 물주머니를 배에 올려놓는다
숨 쉴 때마다 사라진 달집에서 잔잔한 물결소리가 들린다
불쑥 눈물이 솟을 때가 잦았다

한번 망가진 달집에는 누구의 씨도 내릴 수 없어
여자 아랫배가 차가우면 못 쓰는 법이여

엄마 전화 목소리에서 빠져나온 심해어 한 마리

더듬거리며 302호 벨을 누른다
스무 살 무렵이었을까
자전거에 드뷔시 달빛만 싣고
자취방을 찾아오던 그 남자
하염없이 눈에 밟히던 그 남자
달집이 처음 뿌리 내리던 그 어둠

꽃샘추위

팔리지 않는 저녁냉이 한 줌
맨살 드러낸
말간 뿌리들이 떨고 있다
눈만 내놓고
좌판 앞에 앉아 있는 할머니
아직 떼도 올라오지 못한
애기 몫등 어루만지고 있다

봄비

헤어졌지만
해가 지면 한동안 발길은 이어졌다
잠시 웃다가도
언뜻 찾아오는
짧은 침묵이 어색했다
어느 날 등을 떠밀어도
막무가내로 버티었다
젖은 나무처럼
고개를 숙인 채
낡은 신발만 내려다보았다

제2부

달의 뒤편

버스 종점 술집을 우연히 들여다봤어 젊은 여자가 가랑이 사이로 머리를 처박고, 글쎄 면도를 하고 있었던 거야 양은 세숫대야에는 해초와 비늘이 한데 엉켜 둥둥 떠 있었어 햇살이 여자를 향해 한 뼘 한 뼘 문턱을 넘었어 한 걸음 뒤로 물러선 여자는 비누칠을 하면서 핫, 흐으, 핫, 흐으 하는 소리를 냈어 깊은 구멍 속에서 나는 짐승 울음 같았지 현기증이 났어 건너편 차부집 개눈박이 배차 주임 눈빛이 번들거렸어 버스 출발 시간은 들쭉날쭉했어 축 늘어진 가슴을 짤랑이며 안내양들은 투덜거렸어 술집 앞을 지나가면 묵은 김장독 냄새가 풍겼어 마당에서 꺼낸 김장독을 물로 부실 때 그 여자 냄새가 났어 그날 밤 꿈에 여자가 내 아랫도리를 감고 속삭였어

한 자세로 겨울을 보낸 게 지겹지도 않니?

빨랫줄에 걸린 교복 바지 앞섶이 불룩해졌어 꽃들이 달의 뒤편에서 할짝할짝 뒷물하는 밤이었어

마지막 화상

자정 넘은 가리봉동 산까치 둥지
오늘밤 마지막 손님이 왔다며
손톱 다듬던 짧은 치마는 셔터를 내렸다
맥주 한 짝이 바닥을 드러내자
눈짓을 보냈다, 휴지 들고 따라 오라고
화장실 가는 것도 귀찮은지
주방 하수구 위에 쪼그리고 앉은 자목련
뻣뻣하게 굴지만 말고 좀 닦아줘,
두루마리 화장지를 손에 말아서
축축한 꽃그늘을 더듬었다
반쯤 눈 감고 신음을 쏟아내는 입술
헤어진 애인 묻어본 적 있어?
숨 쉴 때마다 꿈틀대는 가슴골에
파란 핏줄을 남기고 사라지는
낯선 사내의 발걸음
후두둑, 목련 떨어지는 소리에
별들은 한꺼번에 실성했다

꽃잎이 어찌나 뜨거웠는지

화상 입은 나무들은

이파리도 피우지 못한 채 시들어갔다

풍랑주의보

패싸움을 하다가 재수 없게 삽날에 찍혔지 뭐야 머리를 오십 바늘 넘게 꿰맸어 다음날이 예비군 훈련이었지 사격장에서 M1 소총을 쐈어 그런데 M1이 얼마나 반동이 센 총이야 방아쇠를 당기니까 글쎄, 실밥이 쟈크처럼 두두두둑 터지더라고!

군산 해망동 부둣가
풍랑 때문에 피항한 우리는
아침 댓바람부터 술집에 모였다
술이 오른 뜨내기 사내는
머리통을 들이밀고 덤불을 헤치더니
거무칙칙한 꿰맨 상처를 보여주었다
사내가 큰소리로 떠들 때마다
밖으로 기어 나오려는 노래기
오래도 살았네, 니미럴
나는 빈 소주병으로
20년 묵은 노래기를 내리쳤다

붉은 콜타르 몇 점이 바다로 튀었다
피맛을 본 파도가 어선들을 물어뜯었다
모두 입은 다물고
눈으로는 출항 걱정을 했다
풍랑주의보는 며칠 더 이어졌다

라 메르에서 파도치기

간다간다 해놓고 속만 태우던 풍영호
해망동을 떠난 지 일주일 만에
시퍼런 공해에서 풍랑을 만났다
난간에 기댄 선원들은 배를 부여잡고
누런 송곳니로 흉어기 바다를 물어뜯었다
몰래 대나무 장대로 복어낚시 하던 김씨 등짝에
선장은 파고 4미터짜리 육두문자를 붙였다

배가 파도 속으로 곤두박질치면
귀에서 달팽이들이 기어 나왔다
담배를 연신 씹어대는 선장이
흉터들을 끌어 모아 인상 쓰는 동안
좁은 방에 모여 고스톱을 쳤다
점 당 오징어 한 마리,
반쯤 말린 뒷방치기 오징어들이 판돈으로 쌓였다

앉은자리에서 소주 아홉 병을 까는 천씨가

양 피박에 쓰리고를 외치는 순간
기우뚱, 배가 기울며 판이 엎어졌다
모두 환호성을 질렀다
천씨는 자리에서 일어나 악을 썼다
뭐가 그리 좋아!
아가리 강냉이들 출장 보내고
콧구녕에 이까 바늘 꽂아줄까!

가빠를 걸어 올리라는 다급한
선장 명령이 떨어지자
천씨는 군용담요를 냅다 걷어찼다
누가 흘리고 간 오징어 한 마리,
소금기 끈적거린 방바닥을 헤엄치고 있다

물망초 따라 포세이돈 어드벤처

소금물 끓는 가마솥 너머
흔들리는 항구 불빛
저문 세상이 양망기에 걸려 올라온다
노랫가락 장단에 맞춰
살점이 튀고 등이 휘어지는 저녁
그물에 말려든 노을이
바다에 붉은 내장을 쏟아낸다

미끄러운 갑판 구석
양은 밥그릇에 고여 있는 삼도천
누가 건너가다 되돌아왔는지
불어터진 밥알들이 떠 있다

한 판 한 판 자숙멸치들이 쌓여갈수록
어군탐지기에 선명하게 잡히는
부둣가 물망초
주간 커피 야간 맥주 양주

선팅 유리창에 뿌리 내린 백도라지
말라 시들어가는
붉은 전등 아래서
춘풍에 부푼 요란한 풍선껌들
겨우내 튼살 허벅지 벌린다
오므려라, 이따가 털고나 보자
그물에 아직 붙어 있는 비린내
저절로 빨려 들어간다

백내장

가문 바다에 긴 대나무를 넣고
귀를 대자
꾸룩 꾸룩 소리가 들린다
바닥에서 불린 몸뚱이가 서러워
북상할수록 침침한 뻘물이 뜨거워
복날 민어가 운다
그물 사이로 울음만 빠져나가고
간밤에 삼킨 무인도를
수평선으로 내뱉는 민어
염천 염병할 하늘,
갑판에 달라붙은 생선 비늘 눈부실 때
엄마 눈동자에 피어오르는 적란운
오늘밤 파도가 툇마루를 넘어올 게다
날이 이렇게 좋은 데요
쌀밥에 박혀있는 완두콩을 골라내자
별똥별이 함석지붕을 때린다
민어 한 점 입에 넣고 오물거리는 엄마

아야 뭣하냐 니도 몇 점 해야지
젓가락이 더듬거리며 앞으로 다가온다
서둘러 밥상을 물리고 나온 마당
멀리 밤배가 동공처럼 떠 있다
내가 앉았던 자리
안대를 한 그림자가
엄마와 오래도록 겸상한다

북서방 제주 표류기

식당 문을 열자 올봄에 떠났던
북서풍이 의자에 앉아 있다
황해를 건너 남쪽 끄트머리까지 오는 동안
노기를 버리지 못한 북서방은
모슬포를 온통 흔들어놓는다
파라솔이 뒤집어지고
소주 박스가 나뒹굴자
주인장은 서둘러 수족관으로 달려간다

북서방, 이것 좀 자시고 마음을 풀게나
두툼한 대방어 살점을 질겅질겅 씹으며
집 나간 아내 빨리 데려오라고
부두에 고깃배들을 줄지어 결박한다
지난 소설 무렵 흩뿌리는 눈발과 함께
마을에 잠깐 들렀다 사라진 여인
북서방은 머리로 간판을 들이박으며
사나운 동지의 밤을 끌어온다

집집마다 전깃불이 나가자
검은 립스틱을 칠한 젊은 처자가
골목에서 숨비소리를 낸다

매운탕 냄비에서 건진 커다란 생선가시로
산발한 머리카락을 빗어 내리는 북서방
다음에 올 때까지 그넌 찾아놓으슈,
도망간 여자 젖가슴을 닮았다며
벌건 국물에 오름 두 그릇을 슥슥 말아먹고는
가스레인지 불꽃 속으로 표류한다
온기가 돌아온 방파제
갈매기들은 젖은 발을 말리고
바다는 잔잔한 장판을 펼친다
수온이 올라 뭍으로 뛰쳐나온 방어
수족관 안으로 관광객들을 몰아넣는다

내리의 밤, 1984

푸른색 합판 문짝을 발길로 걷어차자
고모는 자작나무 껍질로 석등을 밝힌다
벌건 연탄을 떼어놓던 뭉툭한 부엌칼로
잘 익은 석탑을 둥글게 깎는다

오늘밤 네 허기를 채울 순 없지만
이 어둠은 달콤한 과육이란다
네 발길질처럼 이렇게 아픈 데만 골라
꿀심이 박혀 있구나

석탑 한 조각을 입에 넣고 우물거린다
식탁에는 파이프 담배를 문 김종삼이 졸고 있다
턴테이블에 걸린 낡은 레코드판에는
슈만이 밤마다 몸을 던진다

입술에 묻은 과즙을 핥는 불빛
빈 맥주병에 바람소리가 들리자

고모는 밖으로 등을 떠민다

할미꽃 핀 봉분에 가니
낮에 논바닥을 뒹굴며 로타리 치던
진흙 묻은 개들이 쓰러져 있다

좋구나 만화방창

가부좌 틀고 앉은 부처님
이제 그만 기지개를 켜세요
햇살 분분 날리는 춘분이네요
춘분, 하면 야릇한 분내가 느껴져
실눈 뜨고 당간지주를 보다가
글쎄 아까부터, 이러면 안 되는데
안 되는데 하면서도 흐흐,
풀들이 돋아나는지
하초가 자꾸 간지럽네요
부처님도 해마다 엉덩이 들썩이는
춘정을 이겨내느라
이렇게 온몸이 이끼에 덮여
꺼멓게 타들어가지 않았나요?
요런 숭헌, 지청구 들어도 어쩔 수 없어요
힘줄 탱탱한 당간지주 희롱에
얼굴 붉히는 올벚나무
어쩔 줄 몰라 하는 봄,

봄날이잖아요

다비식

평일 대실 세 시간에 이만 원
뜸들이고 간 볼 시간 어딨나
불가사리로 할까
풍차돌리기로 할까
미쳤어, 미쳤어
여인은 눈을 허옇게 까뒤집고
끄으헝, 끄으헝,
사내는 곰이 마늘 까는 소리를 지른다
열반은 앞뒤 순서가 없는 법
층마다 호실마다 가로 세로 포개져
송진 흘리는 다비식 장작들
커튼 사이로 쏟아지는
한 줄기 성냥불

시든 꽃

몸이 말라가면
그림자도 증발하리
허공에 거꾸로 매달려
가는 한숨에도
잘게 부서지는 향기
새벽 눈썹 적시고 사라지는
이승의 먼 발걸음

가을에 홀린 피에로

그랬구나, 내가 그토록 헤매고 다닌 곳이
단풍 숲이었구나, 저 단풍 숲
아무도 살지 않는 단풍에 기대어
헛된 사랑을 꿈꾸어왔구나
산줄기를 내려오는 동안
서서히 모습 바꾸는 저 단풍은 오늘 저녁
어느 쓸쓸한 눈동자를 물들일까
아무리 낯선 도시라도
낮술 찾는 사람들이 모여 있는
축축한 골목은 정겹다, 내가 원한 건
이런 삶이 아니었어요, 등 두드리는
소리가 들리더니
낡은 유리문에 서린 김
아득한 능선으로 변하고
다리 하나 짧은 탁자
심연을 향해 기우뚱거리는 산동네 술집
바닥에 쓰러진 피에로

젖은 단풍잎들을 꾸역꾸역 게워낸다

그늘의 사생활

휴지통 아래 보도블록 틈바구니
노란 입술을 내미는 민들레
일당 놓친 연장가방
벤치에 둘러앉아 낮술을 돌린다
수시로 날아오는 담배꽁초에 묻어 있는
지독한 그늘,
햇살이 한 블록 자리를 옮기자
폐업정리 문구 붙인 가게들이 늘어났다
해가 길어질수록
귀가하지 못하는 가장들은
그늘을 만들어 숨어 지낸다
돈도 못 벌어오면서
뭔 놈의 사생활은 그리 많으냐고
핸드폰이 악을 쓴다
공원 떠돌이 강아지
사철나무에 기대어
액정 깨진 그늘을 핥는다

설악에서 끊어온 옷감

한계령에 갔던 아내가 돌아왔다
나는 달력도 보지 않고
아내가 온 날이 한로寒露라는 걸 안다
새벽녘 머리맡에 풀어헤친 치마폭에서
들큼한 단풍 냄새가 풍겼으니까
아내는 종일 재봉틀을 돌렸다
설악에서 끊어온 옷감을 펼쳐 놓고
굽은 자로 이리저리 재더니
눈썹 닮은 능선 하나를 금방 만들었다
나그네 노루발이 탈탈탈 지나가면
능선에는 단풍이 물들었다
옷감을 쥔 손이 달달달 떨릴 때마다
마당에는 달빛노적가리가 쌓여갔다
놀라워라, 아내의 재봉틀은 단풍공장
온 동네 주문이 밀려드는 철야작업
탈탈탈 탈탈탈, 박음질 속도가 빨라질수록
산동네는 그늘까지 환해진다

미조항에서

갈치회가 시큼하더라
벌건 야채를 뒤적이며
살덩이를 고르는 젓가락질
오늘 하루 걸었던 길이
끈 풀린 신발을 거꾸로 신는다
셈이 느린 가겟집 늙은 아줌마는
거스름돈을 더 꺼내고
출항 준비하는 멸치잡이 배들은
곰삭은 트림을 토한다
긴 여정은 때로 마음이 탈수되어
헝클어진 머리털에 소금기만 남는다
저인망으로 바닥을 훑어도
여독 하나 건져 올리지 못하는 저녁
폐그물에 자꾸 발이 걸린다
왈칵, 비린내를 쏟아내는 달
어판장 쓰레기통 뒤지는
고양이 발톱이더라

제3부

밤의 가스파르
— 열대야

웃통 깐 등짝 잉크 바랜 전갈이 독침을 세워 바람난 애인을 찔러댔다 나 혼자만 보려고 그넌 치골에 붉은 장미 한 송이를 심어줬어 근데 어떤 놈팽이가 꺾어갔지 뭐야 걸리기만 해봐 두 연놈을 아작 내버릴 거야 맞은편 민소매 팔뚝 쌍용이 승천하려다 말고 흠칫 놀랐다 졸고 있던 가슴팍 배때지 잉어 두 마리가 입을 뻐끔거렸다 긴 봄 가뭄 끝나자 공기에 아교풀 발라놓은 열대야

에튀드 타블로

— 어청도 1985

1

오징어 배에는 대낮에도 별들이 많이 떴다
힘 센 갑판장 조기장 어깨는 별밭
뜨내기 뱃놈들 홑별은 외로웠다
그 틈에서 별 하나도 못 단 나는
어떻게든 별을 사냥하려고 했지만
그 별은 사나운 애인 같아서
줄듯 말듯 애만 태웠다
선착장이 한눈에 내려다보이는
어청도 선미네 툇마루
별을 따기도 전에 취해 쓰러지자
뭍에서 날아온 입술 붉은 별똥별

2

살구꽃 피고 열매 달리면
우리 엄니 머리에 비녀 피어난다네
누구도 뽑기 어려웠던 비녀꽃

세월이 팔아먹었다네
인간막내 걱정에
치매가 저 멀리서 군침만 흘린다네

3
하구를 건너오는
빗줄기에
뼈가 있다는 걸 알았다
장마철마다
발목이 아프기 시작한
그 해 여름

호루겔 피아노

— 2성과 3성을 위한 인벤션

연막소독차가 비탈을 올라오면
악머구리들이 일제히 달라붙었다
짐칸에서 분무량을 조절하던 새마을 모자가
반쯤 일어나 작대기를 휘둘렀다
연탄재가 새마을 모자를 향해 날아갔다
비명소리가 들리더니 욕설이 쏟아졌다
어느 구멍이 까질러놓은 종자들이여,
석유냄새 섞인 욕이 들큰하게 들렸다
연막 아래선 개들이 흘레를 붙고
노인들은 땟국 흐르는 고의춤을 내렸다
악머구리들을 피하느라
막다른 골목에 갇힌 소독차
새마을 모자가 다급하게 빠꾸를 외쳤을 때
연막 뚫고 달려온 육손이
연무통에 바람 든 무를 박아 넣었다
소독차가 푸드덩거리며 홰를 쳤다
차에서 뛰어내린 새마을 모자

2성과 3성을 오가는 소리를 지르며 뛰다가
연기에 취해 실려 갔다
날이 저물자
대기에 퍼진 살충제는
짧은 그림자부터 파고들었다
밥상에 오른 돼지비계찌개에서
소독약 냄새가 풍겨
젓가락으로 반찬그릇만 두드렸다
눈은 서로 다른 곳을 보고 있지만
똑같은 소리를 내는 어둠이 싫어졌다
호루겔 피아노를 갖고 싶어,
놋숟가락이 밥상을 내리치자
루삥지붕이 검은 건반으로 변했다
앞집 만신 깃발을 온몸에 휘감은 바람
눅눅한 구음을 풀어냈다

옴브라 마이 푸
— 대서

폐지를 가득 태운 리어카 목 늘어진 반팔 티셔츠 안에서 늙은 나이테가 가쁜 숨을 내쉰다 대서 지난 빨간 신호등에서 흑점이 폭발한다 고개를 숙이고 두 발에 힘을 주지만 리어카는 느릿느릿 굴러간다 불쾌지수가 올라간 매미들이 날카로운 경적을 울린다 오늘따라 왕복 팔차선 도로는 삼도천 깜박거리는 신호등 바닥에 떨어지는 에어컨박스 리어카에 위태롭게 쌓인 폐그늘이 산산이 날린다 건너편 플라타너스가 피워 올리는 옴브라 마이 푸 일정한 간격으로 꽂혀 있는 한 뼘 신기루

알함브라 궁전의 추억

부엌에서는 고사리 삶는 냄새
마당에서는 장마철 개 비린내
매일 찾아오는 손님들 떠난
아버지 방에는 담배와 술 냄새
누이들이 떠밀어
그 방에서 한 철 지낸 나도 아저씨 냄새
담장 너머 한 뼘 자란 내 키

지금은 다 사라진 골목길
요꼬기계 돌리던 어린 여공들
기타소리 들리던 그 방

신들의 황혼

태양은 어둠을 사산한 뒤 설연이 휘날리는 봉우리 너머로 사라졌다 사람들은 별을 쳐다보며 날이 밝기를 기다렸다 하지만 밤이 오래 지속될 것 같다는 마을 원로의 예언에 사람들은 몸을 떨었다 겨울은 혹독했다 체온마저 빼앗긴 짐승들 울음소리가 텅 빈 산을 울렸다 허연 입김은 그대로 얼어붙어 공중에는 얼음장들이 떠다녔다 추위에 지친 몇몇 사람들은 마을을 떠났다 신을 향해 저주를 퍼부은 그들이 길에서 만난 것은 눈보라뿐 남아 있는 사람들은 얼음을 깎아 신전을 세웠다 여인들은 집안 곳곳에 불을 밝혔다 노름방 남정네들은 사냥을 나갔다 서답으로 만든 횃불에서 망자의 비린내가 풍겼다 달만은 건드리지 말라 원로의 경고를 잊은 사내들이 눈밭에 고립된 야윈 달의 치마를 벗겼다 핏줄이 터졌다 요도가 얼어붙은 사내들은 설원을 뒹굴었다 역류한 오줌은 창끝이 되어 심장을 찔렀다 신전에서 불길이 솟았다 노여움에 찬 고드름이 사람들 치아를 밀어냈다 얼음동굴로 변한 입에서 독한 냉기가 뿜어져 나왔다 악령이 깃든 눈사람들이 흐느적거리며

걸어 다녔다 아이들은 아랫목에 모여 아비를 기다렸다 담뱃진이 눌러 붙은 누런 눈동자가 점점 커져갔다

발퀴레의 기행

빨간 머리띠들이 공장을 불법 점거하고 있다 오바, 제군들은 주저하지 말고 저 빨갱이들을 조준하라 제군들은 발퀴레의 후예들이다 그대들 손에 든 쇠파이프는 자본의 힘줄이다 오바, 제군들 뒤에는 든든한 방패가 있으니 걱정하지 말라 쇠파이프는 폭력이 아니다 욕설은 저들의 무지를 깨우치는 경전이다 오바, 저들은 머리가 깨지고 입술이 찢어져봐야 그나마 먹는 밥도 고맙게 생각할 것이다 명심하라 저들이 흘리는 피만큼 제군들의 일당이 두둑해진다 저 대열이 무너져야 제군들은 또 다른 기행을 떠날 수 있다 오바!

아빠, 내일까지 밀린 학원비 내야 돼. 안 그럼 짤려!

아이네 클라이네 나흐트무지크
— 누이의 미술연필

누이는 미술연필을 부러뜨렸다, 그리고
철강공장에 취직했다, 낡은 스케치북에는
구름이 흐르다 말았다, 어떤 날은
비를 뿌렸다, 아버지 기침소리가 무서워
저물녘까지 뒷산에서 놀면
피 섞인 뭉게구름이 지붕에
달라붙었다, 아버지 목구멍에는 가래가
밥물처럼 끓어 넘쳤다, 세수를 몇 번씩 해도
끈적거리는 구름, 누이는 일부러 늦게 와서
혼자 밥을 먹었다, 가래덩이 같다고 토란국에는
숟가락도 대지 않았다, 누이는 첫 월급으로 산
유성물감을 꾹꾹 눌러 짜서 가묘를 만들었다,
아버지는 숨이 가빠지더니 반쯤 풀어진
알약을 전부 토했다, 누이는 카시미롱 이불
기절한 목단 꽃들을 도화지로 덮었다,
방을 치우면서 엄마는 자주 눈가를 훔쳤고,
가묘는 점점 갈라져갔다

동물의 사육제
— 긴 가뭄

루루는 참나무에 낮달을 매달았다
장미가 새겨진 팔뚝을 걷어 부치고
각목으로 온몸을 두들겨 팼다
버둥거리던 달이 축 늘어졌다
계곡에 솥단지를 걸고 불을 피웠다
굶주린 상수리들이 입맛을 다셨다
루루는 쇠수세미로 과거를 긁어내렸다
계곡물에 시커먼 그늘들이 떠내려갔다
마을에선 동티가 난다며 아우성
이장은 참나무에 부엌칼을 꽂고
동티잡이에 나섰지만
개들은 하늘을 향해 울음소리를 띄웠다

긴 가뭄, 손에 닿는 것마다
비명을 지르며 바스라졌다
혓바닥에서 튀어나오는 말라버린 저주,
마지막 우물에서 먼지가 피어오르자

루루는 입던 옷 그대로 마을을 떠났다
밀린 외상값을 갚고 피리를 불자
개들이 루루의 뒤를 따랐다
라 폴리아가 흐르는 황혼이었다

푸가의 기법
— 망루

죽은 자들이 달의 뒤편에서 튀어나와
검은 꽃가루를 뿌렸다
망루의 파이프를 타고 울리는
오르간 소리
뼈마디마다 박혀 있는 음표들은
일제히 비명을 질렀다
누군가 불길 속으로 사라지자
푸가가 시작되었다

죽은 눈동자들과 눈 맞추며
황혼부터 새벽까지
거리를 배회하는 푸가
저주에 걸린 간판들
만장처럼 나부끼고
제상에는 광대뼈만 남은 숟가락들

랩소디 인 블루

그만 입 좀 다물어 판이 어지러워 오빠 혀는 화투장이야 그것도 흑싸리 껍데기 그러니 삼팔광땡을 보여줘 알아? 패를 알 수 없는 혓바닥 때문에 얼마나 혼란에 빠졌는지 가끔 뒤엎은 판을 정리하느라 식구 모두 화투장으로 변하고 있거든 필요하면 갖다 뽑아 쓰세요 오라버니 동생들은 흔들고 엄마로 판쓸이해서 원 고 투 고 외쳐봐 우리집 문턱이 올라갈 거야 뒤패는 기대하지 마 밑장빼기로 막내를 올려놨으니까, 이 화상아!

봄의 제전

입들과 잎들이 뒤엉켜
몸싸움 벌이는
이 환란

악성빈혈 앓는 빈 들판
들뜬 바지 앞섶을 비집고 돋아나는
저 푸른 거웃

눈가를 짓무르게 하는 햇살
짧은 치마에 무수히 꽂히는
요 광어 눈알들

잎에게 진 입은
꽃나무에 머리 박고 열중쉬어
입에게 진 잎은
얼굴 숨기고 가랑이를 벌린다
아브, 짱깔로나싸바비아

꽃잎이 대기를 한 장씩 밀어내는 저녁
춘백 한 송이
신장개업 쁘렝탕 다방에
훅, 불을 지핀다

짐노페디

뒷산 해골바위 작은 동굴
코 밑이 거뭇해지고
하초에 거웃이 돋아나자
밤송이 머리통들은 대담해졌다

육손이와 질질이는 가끔 다퉜다
본드는 돼지표가 최고야
아냐, 오공표가 더 좋아
둘은 내기라도 하듯 비닐봉지에 코를 박았다
파르르 달이 떨다가
어느 순간 산산조각 나서
땅으로 쏟아졌다

혀 짧은 주태는 청소담당
떱때끼들아, 부는 건 똫은데
데발 쓰던 봉지는 제자디에 갖다 나

풀어헤친 교복 윗도리에
밤꽃 향기가 파고들었다
좁쌀 여드름이 폭죽처럼 터졌다

켄터키 옛집
— 고택

검정 삽살개
처마 한끝을 문다
봉인된 사랑채 기침소리 쏟아진다
앞발로 내력을 장악한 낮은 포복
목마른 가문이 젖을 빤다

입춘대길 건양다경
대문 밖 저문 하루가 제상이다
북향으로 땅바닥에 배를 붙인 고택

제4부

병자년 밤눈

수염이 허옇게 센 만주 군벌은 아버지에게 딸을 내어준다고 했다 수수로 빚은 빼갈을 다 비울 때까지 아버지는 말이 없었다고 한다 편지 한 장을 쓰고 자리에서 일어나자 방문 밖에서 말 울음소리가 들리었다 잔등에 눈이 쌓이었다 눈보라 벌판을 걸어갈 아버지에게 늙은 군마를 보내었던 것이다 키 작은 그림자 금이 간 유리문에서 오랫동안 떨어지지 않았다고 한다

갱시기죽

해 떨어진 여우고개 넘다가 이상한 울음소리에 홀려 궐련 한 갑을 피우고서야 마당에 들어서는 아버지 엄마는 김치 한 포기 꺼내어 등 푸른 부엌칼로 뭉턱뭉턱 내리 썰고 살얼음 낀 김치물 칼도마에 스며들자 아랫목 놋그릇에 식은땀이 송글 뒤를 밟고 쫓아온 성에 뿌리가 식구들 혓바닥을 칭칭

입천장 벗겨지는 줄 모른 채 갱그릇에 코 박고 겨울밤을 버티었다

마지막 병어회

이른 무더위
엄마는 모시 저고리에 풀을 먹였다
여름 한철에만 빳빳해지는 아버지
버스를 두 번이나 갈아타고
강화 포구행
하얀 중절모 테두리에
갯물 차오르는 저녁
종점 술집 툇마루에 앉아
김월하를 흥얼거리고
산란 마친 취객들
어서 가자 경적 요란한 막차
어두워지는 아버지 등 뒤에 숨어
반달이 이제 막 고개 내민
손톱만 물어뜯었다

아버지가 삼킨 달

호스를 힘껏 빨자 곤로에 석유가 채워졌다
소금물로 입안을 헹구는 아버지
먹고 사는 일은 잘 빠는 힘
팔남매 먹는 입이 커지자
높아가는 곤로 심지
말수 잃은 아버지는 빠는 힘을 길렀다
아버지 입은 뿌리였다
척박한 집에 혀를 꽂고
어둠 틈바구니에서 마른 꽃을 피웠다
삼년마다 초봄에 찾아오는 가뭄
졸업과 입학이 겹치면
우리는 서로를 빨고
물관이 말라버린 아버지는
마당에 나와 달을 빨았다
단물 없는 공갈달
셋째 누나 장례 치르고
더 이상 빨 힘이 없어진 아버지

안방에 누워 뿌리를 드러냈다
사방 휘어지고 말라비틀어져
이따금 거친 숨 몰아쉬며
종일 달달한 빙과류만 찾았다
하늘에는 월식,
검은 동공이 점점 커지더니
아버지가 빨다 남긴 달을 삼켰다

모르시기 누이

학교 문턱 제대로 넘지 못해
누가 물어보면 무조건 모른다고
머리부터 흔들던 모르시기
온다 간다 모르게 핀 꽃들이 미워
수시로 병실 커튼 치던 모르시기
칭얼대는 어린 두 딸
한숨 자고 집에 간다면서
문상을 얼마나 받으려는지
입관도 하기 전
대낮부터 보랏빛 조등
환한 등나무꽃

돼지가 마당에 쓰러진 날

이불로 꼭꼭 싸맨 항아리들이 아랫목을 독차지 발길에 차일까봐 근심 떨어지지 않는 어머니 아버지 환갑 가까울수록 항아리 투레질 잦아지고 누룩 익는 냄새에 군침 흘리는 서까래 마당에 둘러앉아 면도칼로 돼지털을 미는 고향 아재들 신화당 감미 뿌린 지게미 한 그릇 먹고 학교 가는 길 육성회비 밀렸어도 이날 하루는 겁나지 않았다

폐광

어머니가 방문을 열어야
아버지는 어둠에서 풀려났다
어둠은 아버지의 데칼코마니
우리는 언제쯤 환해지죠
코발트색 잉크를 물들인 하얀 교복 카라가
짜증을 부렸다, 어머니는 말없이
석유곤로에 불을 붙이고
그을음을 피하지 않았다
아침에 먹다 남은
선지에서 피가 흘러 나왔다
석유 먹은 저녁달
마당 빨랫줄에 걸터앉아
붉은 휘파람을 불었다

나는 변성기
채탄부가 되어
아버지 몸속을 파고드는 꿈을 자주 꿨다

갱도는 위험했고
아버지는 팔레트 물감
딱딱하게 말라 갔다
안방 백열전구 필라멘트가 끊어지자
식구들이 빠져 나올 틈도 주지 않은
폐광

싸락눈 소리만

한 뼘 꺼진 구들장이 입을 벌렸다
연탄가스에 취해
마당에 쓰러진 아버지
볏짚 두른 꽃나무들 생기침에
편도선이 부어올라
목울대까지 차오른 울음
끝내 터지지 않고
쌀독 긁는 소리
싸락눈 소리만

슬픈 항해

가거도

섬등반도에 간 여자는 오지 않았다
절벽 위로 무덤이 올라오자
벼랑 끝에서 낳은 아이
수평선 같은 울음을 터뜨린다
그 울음 후박나무숲으로
데려가는 소나기
이파리에 떨어지는 투명한 무인도
해무에 갇힌 민박집 옥상
사흘째 눌러앉은 별들

흑산도

부둣가 파라솔에 불시착한
가슴 붉은 딱새
장화 신은 흑비둘기

전복 소라 한 접시 내어준다
마을버스는 끊어지고
취기가 올라도
옆으로 당겨지지 않는 수평선
뭍에 두고 온 허명들
잘 익은 홍어 한 점만도 못한
늦여름 기항지 저녁
선착장에서 환영 입도 골판지 푯말 든
사내들 딱새 가슴에
종이닻을 내린다

홍도

동백나무숲을 지나면 2구 하얀 등대
어느 해 가을 평택역 술집
검은 아이라인 흰 드레스 입은 눈보라
겨울이 오면 떠날 거예요

아무도 모르는 섬에 가서 살고 싶어요
연탄불 자주 꺼지던 자취방
밤새 뒤척이면
비닐장판에 몽돌해변이 생겼다
가늘게 떨던 그 눈보라 손가락
언젠가 떠날 것만 같은 등대

파사칼리아

굽은 나무는 굽은 그림자
곧은 나무는 곧은 그림자

비바람 불면
곧은 나무에
굽은 그림자가 흔들리고
눈보라 치면
굽은 나무에
곧은 그림자가 쌓인다

옹이마다
굽은 세월 곧은 세월
간직한
굽은 나무
그림자는 곧은 나무
곧은 나무
그림자는 굽은 나무

라면 레서피

오밤중에 들이닥친 손님들 대접한다고 방장은 냄비를 꺼냈다 쇠젓가락 두 개를 전깃줄에 연결해 물을 끓이는 봄밤 소쩍새가 울음을 그칠 때까지 물은 달아오르지 않았다 기다리다 못해 스프를 넣자 졸고 있던 방장이 눈을 동그랗게 떴다 건더기 미리 넣디 말랬디 뎐기 통하잖아 찌그러진 양은방죽 위로 감전된 길들이 떠올랐다 불어터진 목구멍으로 소쩍새가 다시 울었다

달의 인력

어머니는 등에 달을 달고 산다
사나흘에 한번
부항을 뜨고
핏빛 보름달이 떠올라야
끌어당기는 힘
그래야 밥솥이며 냄비가
손에서 떨어지지 않고
밀물 자식
썰물 자식
갯고랑 주름살에 드나든다

해설

'종삼주의(宗三主義)'의 계보학

이민호(시인, 문학평론가)

1. 시학(詩學)을 넘어

지금 이 시집을 들고 학문의 테두리를 벗어나 신념의 땅으로 가고자 한다. 아무도 발설하지 않았던 사상을 비로소 가슴에 품고 서둘러 가려한다. 우리 시는 너무 오만하여 교술(敎術)에 의지했고 너무도 옹색하여 스스로 희생의 중심에 있었다. 사람을 가르치면 가르칠수록 시는 피폐해진다. 사람도 모르게 죽어가는 시는 신비로워 현실을 외면할 뿐이다. 박시우는 이 비시적 계보에 서지 않은 몇 안 되는 시인이다. 그가 느린 걸음을 이제야 내딛었다.

몇 안 되는 시인의 시인이 우리에게 있다. 장미의 이름처럼 이단이며 신들린 무당, 김종삼이다. 우리는 중세 수도

원에 갇힌 수도승처럼 그를 남몰래 소중히 읽고 또 읽는다. 그러다 그가 던진 시선(視線)을 따라가다 보면 여지없이 우리는 한 곳에서 만나게 된다. 박시우도 그 무리 중 하나다. 비록 한국시문학의 변방에 있었지만 입에서 입으로 전해지는 금서(禁書), 그의 시는 우리의 생각을 지배하는 이념이다.

강단에서는 김종삼을 전후시인들 중에도 군소그룹에 가두고 재단하길 서슴지 않는다. 난해한 언어 형식 속에서 굳이 그를 끄집어내어 머리는 어디에 속하고 팔다리는 누구의 것이며 몸통은 멀리 바다 건너에서 온 듯하다고 꼬리표를 붙이기 일쑤다. 그러다 외면했던 가슴께 쯤 눈부신 광선이라도 언뜻 보게 되면 전후의 실존적 내용과 얼버무려 보려 한다. 저널리즘도 강단비평을 받아 적는데서 멀리 가지 않고 어디에 속하고 누구와 지근거리에 있었는가를 유심히 추적할 뿐이다. 그래서 지금도 김종삼은 홀로 서 있다.

그러나 홀로 서 있되 그는 집단으로 더불어 존재한다. 모래알처럼 흩어진 개체 속에서 깨어지지 않는 삶의 흔적들을 끄집어내어 보여주는 순간 우리 모두 한 몸이 되는 엑스터시에 들게 된다. 속박에서, 모멸에서, 비애에서 벗어나길 갈구하는 사람들 틈에 언제나 김종삼이 있다. 종삼주의의 선언이 있다면 짐승의 핏물이 가시지 않은 양피지에 쓰일 문자는 '자유와 해방' 이다. 좀 더 이념적으로 나아가면

'보편주의' 와 '인본주의' 다. "보편 없는 자유는 부질없고 인간 없는 해방은 허무하다." 선언의 말미는 아마도 그렇게 쓰일 것이다.

지금까지 반복된 이름 '김종삼' 을 지우고 '박시우' 를 넣는다 해도 무방하다. 볼륨을 크게 높이고 높여 소리악을 쓰는 선율에 몸을 맡기다가도 가녀린 한 음에 또박또박 귀 기울이는 그를 보면, 눈이 하얗게 돌아가도록 열정에 들떠 입 속에 한 움큼 욕설같이 설움을 구겨 넣는 그와 있다 보면 슬그머니 김종삼이 곁에 있다.

종삼주의의 선언은 미완이다. 우리가 하나 둘 시의 사상과 이념을 선언하여 스스로 자유와 해방을 선포할 때 종삼주의의 계보는 완성되리라. 그렇게 박시우의 시도 미완이다. 그러나 우리가 박시우와 온전히 만나는 길은 역설적으로 김종삼이 선언한 시의 영역을 부지런히 지우는 일이다. 이 또한 종삼주의의 핵심이지 않는가.

김종삼과 멀게 박시우와 만나는 세 가지 방법을 제안한다. 하나는 박시우 시의 반복적 기호들이다. 바로 '여자' 와 '사내' 이다. 두 번째는 변주되는 공간지리이다. '광장' 에서 '바다' 로 '산' 으로 그를 따라 가보자. 세 번째는 인유된 음악들이다. 가장 김종삼다운 부분이기에 가장 박시우답게 읽었으면 한다.

2. '여자' 라는 기의와 '사내' 라는 기표

박시우의 시는 여성적 글쓰기의 일환이다. 남성 시인의 시 속에서 여성은 다분히 관념적으로 대상화되곤 한다. 에로스적 욕망의 대상이거나 연민의 윤리적 대상으로 그려질 뿐이다. 그러나 박시우의 시에 나타난 여성성은 심상치 않다. 여성의 몸이 적나라하게 드러나는 장면에서 당혹할 수밖에 없으며 남성성을 능가하는 여성적 섹슈얼리티는 당당하기 그지없다. 이 당혹과 당당함 앞에서 남성과 여성으로 짝을 이루는 관계의 기호는 잘 맞춰지지 않아 미끄러지기 십상이다.

일반적으로 여성적 글쓰기가 추구하는 여성성은 훔치는 주체에서 찾는다. 이때 훔치는 행위는 지배적 권력에서 자기 권리를 복원하려는 적극적인 사회적 행위다. 이를 표현하는 말로 엘렌느 식수(Hélène Cixous)는 불어 'Voler(훔치다)' 를 사용한다. 이 비윤리적이고 반사회적 행위야말로 기존 상징체계를 무너뜨리는 가장 큰 무기라 할 수 있다. 돌이켜 보면 인류에게는 수많은 훔치는 주체들이 있었다. 제우스가 감추어 둔 불을 훔쳐 인간에게 가져다 준 신화 속 프로메테우스도 그렇다. 그가 불을 훔침으로써 신과 인간의 차이는 지워졌다. 인간은 신처럼 스스로 문명을 일으키지 않았던가. 독립군 군자금을 마련하기 위해 일제의 식민지 길목을 노렸던 선열들의 전투는 탈식민주의의 역사적 행위라 할 수 있다. 전위 리얼리스트 시인 김남주가 권력의 담을 넘어 훔치려 했던 것도 사회적 지탄을 받는 재벌재산을 조금 가져오려했던 것은 아니다. 외세와 자본으로 드리워진 차이의 극복을 꾀하는 혁명적 행위다.

이 훔치는 기표(Voler)에는 또 하나 기의가 있다. '날다'이다. 여성적 글쓰기로서 엘렌느 식수가 강조한 지점이다. 이는 여성성이 남성성과 대립되는 또 다른 항으로서 부수되던 차이를 해체하고 새로운 영역으로 날아가 독자적 정체성을 드러내려는 욕망이다. 이 욕망이 박시우의 시를 이루는 틀이다. 이 틀 속에서 박시우의 시는 때론 건들거리며 때론 집요하게 모든 권위를 순식간에 격하시켜버린다. 그래서 유동적이며 다중적인 수체성의 확보는 여성석 글쓰기의 방식이기도 하지만 박시우의 시적 지향점이기도 하다.

> 그 여자는 모래였다
> 발목까지 빠지는 그 여자 가슴에는
> 이정표가 없다
>
> —「사막의 광대뼈」에서

> 비가 오면 아내는 가늘어진다
> 빗줄기는 혼자 서 있지 못한다

누군가 곁에 있어야 걸을 수 있다
가늘어진 아내가 국수를 삶는다

—「국수 삶는 저녁」에서

달집에 물혹이 생긴 여자는 미간을 자주 찌푸린다
주름살 협곡에 언젠가 물이 흐른 흔적이 있다
아랫배가 묵지근할 때마다 조금씩 구부러지는 허리
어떤 달은 생리를 두 번 할 때도 있었다
몸에서 빠져나간 피만큼 여자는 시장통 사내들 틈에 끼어
선짓국을 먹는다, 피비린내를 맡은 사내들은
오늘밤 벼르던 달집을 태울 것이다

—「302호에는 달집이 없다」에서

얼어붙은 호수에서…여자는 체포되었네
동행자는 세월이었네
아무도 그 모습 볼 수 없지만
한 남자
여자 곁에 오래도록 서 있었네

—「얼어붙은 호수에서 체포되다」에서

박시우 시의 여성성은 해체된 채 드러난다. 삶의 방향을 잃어버려 '이정표가 없' 거나 현실의 고통과 마주할 때마

다 존재성은 축소된다('가늘어 진다'). 아니면 여성성을 아예 상실하여 잉태하지 못하는 존재로 시장통을 헤매는 남성 틈에서 기생하거나 마침내 세월에 구금당하는 처지에 놓인다. 그런데 이 낯익은 여성성은 밤하늘 우리가 바라보는 달의 전면에 불과하다. 박시우는 다음 시에서처럼 달의 이면을 과감히 드러내 보여준다.

> 버스 종점 술집을 우연히 들여다봤어 젊은 여자가 가랑이 사이로 머리를 처박고, 글쎄 면도를 하고 있었던 거야 양은 세숫대야에는 해초와 비늘이 한데 엉켜 둥둥 떠 있었어 햇살이 여자를 향해 한 뼘 한 뼘 문턱을 넘었어 한 걸음 뒤로 물러선 여자는 비누칠을 하면서 핫, 흐으, 핫, 흐으 하는 소리를 냈어 깊은 구멍 속에서 나는 짐승 울음 같았지 현기증이 났어 건너편 차부집 개눈박이 배차 주임 눈빛이 번들거렸어 버스 출발 시간은 들쭉날쭉했어 축 늘어진 가슴을 짤랑이며 안내양들은 투덜거렸어 술집 앞을 지나가면 묵은 김장독 냄새가 풍겼어 마당에서 꺼낸 김장독을 물로 부실 때 그 여자 냄새가 났어 그날 밤 꿈에 여자가 내 아랫도리를 감고 속삭였어
>
> 한 자세로 겨울을 보낸 게 지겹지도 않니?

빨랫줄에 걸린 교복 바지 앞섶이 불룩해졌어 꽃들이 달의 뒤편에서 할짝할짝 뒷물하는 밤이었어

—「달의 뒤편」 전문

여자는 여전히 삶의 종착점에 있다. 그래서 남성의 성적 대상으로 타자화되는 것처럼 보인다. 그러나 여자의 기표는 수많은 의미를 생산하면서 시인을 몰아세운다. '한 자세로 겨울을 보내' 는 경직된 삶의 태도를 냉소한다. 달의 생몰을 자연스럽게 수행하는 우리(자연여성)를 보지 못하지 않느냐고 타박한다. 언제나 사내라는 기표는 여성을 성적 욕망의 기의 속에 놓고 관음증의 자세로 일관하지만 그럴수록 여자의 의미는 해체되기 마련이다. 그러나 그 달의 전면과 같은 여성 기의는 달의 뒤편에서 사내의 기표에서 미끌어져 새로운 곳으로 날아가기를 꿈꾼다. 여기서 해체된 여성성을 다시 읽게 된다.

「사막의 광대뼈」에서 '이정표 없는' 여성성은 한 곳에 정주하지 않는 노마드적 주체성으로 삶을 허물고 세우기를 자유롭게 할 수 있는 여자로 되살아난다. 여자의 단일한 의미에 갇혀 허우적대는 것은 사내라는 기표일 뿐이다. 「국수 삶는 저녁」에서 여자는 축소되는 듯하지만 누군가의 곁에서 함께 동행하는 확장성을 보인다. 축소됨으로써 빗줄기의 빈 공간을 채우는 경이로운 변신을 보여준다. 이

처럼 여자는 비 사이로 틈입하여 공간을 꽉 채우는 역할을 한다. 그러므로 빗줄기처럼 흔들리는 타자의 버팀목이 된다. 스스로 자기 몸을 축소시키기도 하고 확장시키기도 하는 달 족속의 변신에서 나오는 능력이다. 그러다 궁극적으로 타자의 허기를 채우는 존재로 승화되는 헌신을 보여준다. 이는 「302호에는 달집이 없다」에서 보듯 여성성을 상실했음에도 여성 기의는 재생하는 끈질긴 삶의 입사식으로 연결된다.

하지만 사내라는 기표는 속수무책이다. 「얼어붙은 호수에서 채포되다」에서 보듯 방관자일 뿐이다. 세월에 체포된 존재는 오히려 사내였다. 「풍랑주의보」에서처럼 사내는 과거 여자의 의미만을 고집스레 추적하고 있거나 진흙 묻은 개(「내리의 밤, 1984」)로, 색 바랜 진갈문 신(「밤의 가스파르」)으로, 껍질없는 달걀을 낳는 닭(「닭 기르는 사내」)으로, 안대를 한 그림자(「백내장)로 변주된다. 그런데 이들 변신의 폭은 단일하며 경직돼 있다. 생명을 담보하지 못하고 있다. 박시우의 시에서 사내는 이처럼 절망으로 기표화된다. 삶의 중심에서 비켜나 변두리로 내몰린 삶의 풍경을 사내라는 기표가 지시하며 끊임없이 현실에서 의미를 찾지 못하고 미끌어지고 있다. 그러므로 수많은 기의로 변주되는 여자라는 기의는 박시우 시의 기표적 욕망이라 할 수 있다. 훔쳐 날아가는 자유, 차이를 메우는 해방의 기호다.

3. 광장에서 바다로, 패배에서 산으로

박시우의 시에서 시적 주체는 기의 없이 떠도는 기표의 이미지로 나타난다. 그래서 사내라는 기표는 기의를 찾지 못해 좌절하다 여자라는 기의에 의탁하려고 한다. 이때 여자라는 기표를 포섭하여 기의를 획득하려는 시도는 공간 속에서 구체화된다. 한때 박시우는 광장에 있었다. 광장은 사상과 이념의 공간이다. 쟁취하지 않으면 패배하는 장소다.

태양은 어둠을 사산한 뒤 설연이 휘날리는 봉우리 너머로 사라졌다 사람들은 별을 쳐다보며 날이 밝기를 기다렸다 하지만 밤이 오래 지속될 것 같다는 마을 원로의 예언에 사람들은 몸을 떨었다 겨울은 혹독했다 체온마저 빼앗긴 짐승들 울음소리가 텅 빈 산을 울렸다 허연 입김은 그대로 얼어붙어 공중에는 얼음장들이 떠다녔다 추위에 지친 몇몇 사람들은 마을을 떠났다 신을 향해 저주를 퍼부은 그들이 길에서 만난 것은 눈보라뿐 남아 있는 사람들은 얼음을 깎아 신전을 세웠다 여인들은 집안 곳곳에 불을 밝혔다 노름방 남정네들은 사냥을 나갔다 서답으로 만든 횃불에서 망자의 비린내가 풍겼다 달만은 건드리지 말라 원로의 경고를 잊은 사내들이 눈밭에 고립된 야윈 달의 치마를 벗겼다 핏줄이 터졌다 요도가 얼어붙은 사내들은 설원을 뒹굴었다 역류한 오줌은 창끝이 되어 심장을 찔렀다 신전에서 불길이 솟았다 노여움에 찬 고드름이 사람들 치아를 밀어냈다 얼음동굴로 변한 입에서 독한 냉기가 뿜어져 나왔다 악령이 깃든 눈사람들이 흐느적거리며 걸어 다녔다 아이들은 아랫목에 모여 아비를 기다렸다 담뱃진이 눌러붙은 누런 눈동자가 점점 커져갔다

—「신들의 황혼」 전문

이 시는 광장의 비극을 바그너의 「니벨룽의 반지」를 인유하여 담고 있다. 신들의 황혼은 신의 종말을 뜻한다. 신은 스스로 죽음을 선고할 수 없다. 그럼에도 신들의 최후가 을씨년스럽게 그려지고 있다. 광장은 신과 인간이 공존하는 공간이다. 인간은 신전을 세워 신에게 삶을 간구하려 한다. 신들의 종말은 인간 삶의 파탄을 함축한다. 신은 사상과 이념이 포획한 삶의 또 다른 기표이기 때문이다. 사상의 몰락과 이념의 타락이 가져온 비극이다. '달만은 건드리지 말라' 는 맹세가 허무하게 무너지는 순간 광장은 죽음의 공간으로 돌변한다. 이는 모두 사내라는 기표가 저지른 일이다. 여자라는 기의에 폭력적으로 접합하려는 욕망이 빚어낸 결과다. 여자는 '불 밝히는 존재' 라는 기의를 지닌다. 문명을 유지하는 존재인 것이다. 사내들이 욕망에 들떠

'달의 치마를 벗겨' 버림으로써 신전의 휘장이 찢어지듯 인간 삶의 횃불을 엎어 버린 것이다. 이제 광장은 사육제가 끝난 후 죽음의 빛으로 칠해진 듯 공포로 가득하다. 거기서 사내들은 좀비처럼 떠돌고 연약한 아이들만이 두려움에 떨고 있다. 이 환상적 리얼리즘은 박시우가 실재했던 광장의 비극적 이미지의 다발을 상징적으로 담고 있다. 관계의 파탄과 인간 사멸은 사내라는 상징체계의 오만에서 비롯됨을 다시 한 번 목도하게 된다. 이제 신의 징벌이 도래할 것이다.

빨간 머리띠들이 공장을 불법 점거하고 있다 오바, 제군들은 주저하지 말고 저 빨갱이들을 조준하라 제군들은 발퀴레의 후예들이다 그대들 손에 든 쇠파이프는 자본의 힘줄이다 오바, 제군들 뒤에는 든든한 방패가 있으니 걱정하지 말라 쇠파이프는 폭력이 아니다 욕설은 저들의 무지를 깨우치는 경전이다 오바, 저들은 머리가 깨지고 입술이 찢어져봐야 그나마 먹는 밥도 고맙게 생각할 것이다 명심하라 저들이 흘리는 피만큼 제군들의 일당이 두둑해진다 저 대열이 무너져야 제군들은 또 다른 기행을 떠날 수 있다 오바!

아빠, 내일까지 밀린 학원비 내야 돼. 안 그럼 짤려!

—「발퀴레의 기행」 전문

사내들이 저지른 일이 이 시에 와서 수면으로 떠오른다. '빨간 머리띠들' 은 노동자들을 환유하고 있다. 그리고 광장을 따뜻하게 밝혔던 여성성이다. 이 온기어린 평화의 기의를 해체시키고 패배와 절망의 기의로 대체해 버린 이 비극의 환유적 리얼리즘을 대하면서 박시우는 영화 '지옥의 묵시록' 을 떠올렸음이 분명하다. 이 절망의 노래는 그러나 역설적이다. 그것은 사내라는 기표가 평범한 아버지의 기표와 접목하는 순간이다. 이 또한 광장의 비극이 아닐 수 없다. 이 인간 패배의 공간 광장에서 박시우를 따라가다 보면 자연스레 '집' 에 당도한다.

기울어진 문패
문턱을 넘으면
가장 먼저 어둠이 찾아드는
체한 날들

—「체 내리는 집」에서

나는 마당으로 내려앉아 중얼거린다
이건 한낱 악몽일 뿐이야,
대문에 빗장이 단단히 걸린

검은 기와집,
마당에 갇힌 그믐밤이
고약처럼 응고된다

—「검은 기와집에 갇힌 그믐밤」에서

지금은 다 사라진 골목길
요꼬기계 돌리던 어린 여공들
기타소리 들리던 그 방

—「알함브라 궁전의 추억」에서

집은 이미 퇴락하였다. 집도 광장의 일부이기 때문이다. '기울어진 문패' 가 보여주고 있다. 이 기울어진 상징에서 시적 주체는 무의식의 욕망에 싸여 있다. 그것은 포만의 욕망이다. 체하여 찾아가는 그 집은 역설적으로 결핍의 나날을 담는 또 다른 기의다. 그럼으로 박시우는 집의 몰락을 통해 여성적 기의를 허물었던 상징체계를 강렬하게 거부하고자 한다. 밑바닥 인생의 데인 삶 속에 그가 있었다. 이 집들은 다 그들의 집이기도 하다. 그래서 '검은 기와집' 으로 환유된 상징 세계의 담을 넘으려 한다. 거기에 생기 잃고 응고된 '여성성(달)' 을 훔쳐내려 욕망한다. 그 달은 '요꼬기계 돌리던 어린 여공들' 이다. 그러나 이조차 좌절했기에 박시우는 바다로 공간적 이동을 한다.

허기가 깊으면
물기에 젖은 모든 것들을 입에 넣고 싶다
물 빠진 갯벌은 얼마나 요염한가
고랑마다 애액이 흥건하다

—「장봉도에서」에서

저 물길 아래에
어린 영혼들이 누워 있으니
헐떡이는 붉은 아가미로
뜨거운 숨결 불어 넣어 주시라
바람 불면 벚꽃들아
꿈 많은 입술로 재잘재잘 날리시라
이제 봄은 견디는 계절
그리고 돌아서서 흐느끼며
어금니를 깨무는 시간,
바다에서는 아무도 돌아오지 않았고
등 뒤에는 산 하나가
허물어지고 있다

—「아무도 돌아오지 않은 봄바다」에서

바다로 간 시인은 유아로 퇴행하였다. 라캉이 말하듯 상징계 안으로 편입되지 못하여 혹은 언어를 획득하지 못하여 결핍을 채우기 위해 구강기(口腔期)로 돌아갔다. 바다 어머니의 젖을 입에 넣고 혀의 쾌감을 느끼면서 동시에 에로스적 욕망을 추구하는 것은 주체의 새로운 발견을 꾀하려는 행위로 보인다. 다시 태어나기 위해 욕망에 다시 한 번 호소하는 것이리라. 광장에서 쓰러진 어린 영혼을 바다 깊은 곳에서 다시 건져 올리려는 것이다. 이 재생의 소망을 봄이 움트는 시간에 선언한다. 엘리어트의 예지에 찬 시구처럼 잔인한 패배에서 생명의 승리를 예감한다. 그래서 바다는 광장처럼 시인에게 고통과 인내를 요구한다. 그리고 패배의 근원을 무너뜨릴 새로운 공간 '산' 을 제시한다. 박시우는 광장에서 패배하고 바다에서 침잠한 끝에 산으로 들어선다.

> 엄마 뱃속에서 나온 등고선 하나
> 가파른 능선으로 걸어간다
> 날이 저물어도
> 뒤돌아보지 말라고
> 가문 계곡 돌부리가 환하다
>
> —「초경」에서

> 그랬구나, 내가 그토록 헤매고 다닌 곳이
> 단풍 숲이었구나, 저 단풍 숲

아무도 살지 않는 단풍에 기대어
헛된 사랑을 꿈꾸어왔구나
산줄기를 내려오는 동안
서서히 모습 바꾸는 저 단풍은 오늘 저녁
어느 쓸쓸한 눈동자를 물들일까
아무리 낯선 도시라도
낮술 찾는 사람들이 모여 있는
축축한 골목은 정겹다, 내가 원한 건
이런 삶이 아니었어요, 등 두드리는
소리가 들리더니
낡은 유리문에 서린 김
아득한 능선으로 변하고
다리 하나 짧은 탁자
심연을 향해 기우뚱거리는 산동네 술집
바닥에 쓰러진 피에로
젖은 단풍잎들을 꾸역꾸역 게워낸다

—「가을에 홀린 피에로」 전문

산은 바다에 연하여 있다. 딸이라는 기표와 엄마라는 기표가 여자라는 기의와 묶이듯 높이가 같은 존재의 연결이다. 그러므로 등고선은 연대의 상징적 환유물이다. 그 환유적 대체를 산이라는 공간이 품고 있는 것이다. 비록 가파른

길이지만 신념을 꺾지 않고 가라는 언명을 하고 있다. 산은 자연여성과 동일한 기의를 지닌다. 오랜 방황과 헛된 욕망과 삶의 애환을 지우고 형형색색 채색하는 포용의 존재로서 등고선에 있다. 이 정겨운 동질감과 연대 속에서 시인은 비로소 단일하고 경직된 사내라는 기표의 꼬리표를 뗀다. 단풍으로 변신하듯 피에로의 다면적 주체로 다시 태어난다. 그리고 스스로도 생산에 참여하는 여성적 기의에 합류한다. 꾸역꾸역 변신의 기의를 토해낸다. 박시우는 광장에서의 패배를, 바다에서의 방황을 끝내고 비로소 산에서 치유하였다.

4. 음악의 경지에서 얻은 시의 자유

이제 중요한 순간에 다다랐다. 김종삼의 계보에서 볼 때 가장 밀착돼 있는 지점에서 박시우를 바라보려 한다. 김종삼은 음악과 시의 병치를 통해 휴머니즘을 표출하려 했다. 이 음악 예술의 경지에 쉽게 가 닿을 수 없어 김종삼의 시는 늘 헛다리를 짚게 한다. 하지만 이 굴복이 오히려 즐겁다. 기우뚱거리며 내동댕이쳐진 그 자리에서 언제나 김종삼과 다시 만났기 때문이다. 박시우의 음악의 경지 또한 그에 못지않다. 그래서 또 다시 헛다리를 짚고야 말 것 같은 두려움은 박시우의 시를 읽는 설렘이라 할 수 있다. 박시우는 이 시집에서 드뷔시, 슈만, 라벨, 헨델, 라흐마니노프, 바흐, 바그너, 타레가, 모차르트, 생상스, 스트라빈스키, 에릭 사티, 스티븐 포스터 등을 인유하였다.

> 더듬거리며 302호 벨을 누른다
> 스무 살 무렵이었을까
> 자전거에 드뷔시 달빛만 싣고
> 자취방을 찾아오던 그 남자
>
> —「302호에는 달집이 없다」에서

'달빛' 은 인상주의 음악을 지향했던 드뷔시의 대표작이다. 자유로우면서도 환상적인 분위기가 정평이 나 있다. 이러한 음악의 지식 정보를 통해 시에 닿는 길은 지난하다. 문자로 피아노 선율을 들려줄 수는 없기 때문이다. 그러므로 인상주의 예술이 노리고 있는 특유의 신비감을 이 시에 대입하여 보고 인유된 음악의 감각에서 자유와 환상을 주요한 이미지로 여기고 접근해 보자. 더듬거리며 벨을 눌렀을 사랑의 설렘과 순박함은 자취방이라는 소박한 공간을 채우는 아름다움으로 충분해 보인다. 사내가 전해주는 사랑은 더 없이 신비롭고 몽환적이었으리라. 드뷔시 음악의 인유는 다른 말로 하면 환상적인 사랑의 환유라 할 수 있다.

웃통 깐 등짝 잉크 바랜 전갈이 독침을 세워 바람난 애인을 찔러댔다 나 혼자만 보려고 그넌 치골에 붉은 장미한 송이를 심어줬어 근데 어떤 놈팽이가 꺾어갔지 뭐야 걸리기만 해봐 두 연놈을 아작 내버릴 거야 맞은편 민소매 팔뚝 쌍용이 승천하려다 말고 흠칫 놀랐다 졸고 있던 가슴팍 배때지 잉어 두 마리가 입을 뻐끔거렸다 긴 봄 가뭄 끝나자 공기에 아교풀 발라놓은 열대야

—「밤의 가스파르 —열대야」 전문

이 시는 프랑스 시인 베르트랑의 산문시에서 영감을 얻어 라벨이 작곡한 피아노 곡을 인유하였다. 원곡은 물이 튀고 요정이 날아오르는 환상적 이미지를 담았다고 한다. 시를 상호텍스트한 음악에서 다시 상호텍스트한 경우로서 섬세함과 묘사력이 중요한 병치점이다. 이 시 또한 전갈과 붉은 장미와 쌍용, 잉어가 예리하고도 몽환적으로 묘사되고 있다. 원곡은 라벨의 작품 중 가장 기교적으로 평가되고 있다. 이를 인유하여 열대야의 엄습하는 분위기를 핍진하게 그리고 있다. '전갈' 은 사내의 변주로서 시인의 환유로도 보인다. '붉은 장미' 를 공격하는 모습에서 여자와 사내 사이에 설정된 관계를 직접적으로 연계시키는 기능을 한다. 특히 '쌍용' 은 건달의 환유로서 몸이 전달하는 부분을 통해 전체를 환기하고 있다.

그만 입 좀 다물어 판이 어지러워 오빠 혀는 화투장이야 그것도 흑싸리 껍데기 그러니 삼팔광땡을 보여줘 알아? 패를 알 수 없는 혓바닥 때문에 얼마나 혼란에 빠졌는지 가끔 뒤엎은 판을 정리하느라 식구 모두 화투장으로 변하고 있거든 필요하면 갖다 뽑아 쓰세요 오라버니 동생들은 흔들고 엄마로 판쓸이해서 원 고 투 고 외쳐봐 우리 집 문턱이 올라갈 거야 뒤패는 기대하지 마 밑장빼기로 막내를 올려놨으니까, 이 화상아!

—「랩소디 인 블루」 전문

조지 거슈윈의 '랩소디 인 블루'를 인유한 시다. 음악 역사를 바꾼 명곡으로 일려진 원곡은 현대 음악의 실험적 지평을 드러낸 대표곡으로 알려져 있다. 시의 구경과 삶의 판세가 서로 병치되면서 혼란스러운 가족의 관계가 역전의 지경에 이르렀음을 환기하여 시의 역사 또한 낯선 실험을 통해 진행될 것임을 감지하게 한다. 원곡을 편곡한 화이트먼은 악보의 빈 공간에 "끄덕일 때까지 기다리시오"라 적었다고 한다. 이 시의 공백을 메우는 메시지이기도 하다. 이처럼 박시우는 이 일련의 시들을 통해 음악의 질감을 체감하게 하도록 이끈다. 그래서 시각과 청각의 상호텍스트적 병치는 상상력의 경계를 뛰어 넘어 서로 교합하고 있다.

이는 박시우만의 독특한 스타일이라 할 수 있다. 김종삼이 음악의 내용을 인유하였다는 점에서 박시우의 형식적 상호텍스트성은 다른 차원의 시 쓰기라 해도 좋겠다.

기표가 기의에 미치는 두 가지 효과가 은유와 환유다. 응축과 대체이다. 압축은 기표들의 포개짐, 대체는 의미작용의 방향전환을 통해 이루어진다. 박시우는 환유를 통해 인유하는 시 쓰기를 주로 하였다. 이는 프로이트가 말했듯 무의식이 검열을 피하기 위한 적절한 수단이다. 그러므로 음악의 경지를 통과한 시 쓰기는 다분히 자유를 향한 욕망의 재현이라 할 수 있다. 무의식은 내가 무엇으로 다시 살 것인가 결정하는 중요한 마음의 기제다. 그처럼 박시우의 시에서 음악은 무의식의 자유로움을 보장하는 시의 출구라 할 수 있다. 그런 측면에서 음악 또한 박시우의 시에서 여성적 글쓰기의 기능을 담당하고 있다.

5. 짐노페디(Gymnopédie)로!

김종삼은 "살아가면서 '불쾌' 해지거나 '노여움' 을 느낄 때 바로 시를 쓰고 싶어진다." 고 말한다. 이를 종삼주의로 언명한다면 '아름다움' 과 '평화' 의 추구라 할 수 있다. 김종삼은 아름다움이 훼손당했을 때 불쾌했을 것이며 평화가 깨어졌을 때 분노했을 것이기 때문이다. 종삼주의의 계보를 따른다면 박시우의 시도 이 범주 안에서 변주된다고 할 수 있다. 이 아름다움과 평화의 시학은 사뭇 보편적인 시의 행로를 고집한다. 그것은 어느 한 곳에 가둘 수 없는 삶의 정당성을 확인하는 작업이라 할 수 있다. 이런 측면에서 종삼주의의 환상적 리얼리즘을 이그조티시즘(exoticism)으로 제한해서는 안 될 것이다. 적어도 우리문학의 국지성을 극복한 코스모폴리터니즘(cosmopolitanism)의 보편성이라 할 수 있다. 마찬가지로 박시우의 시는 광장에서 자행되는 차이를 극복하려는 보편주의의 공간이동으로 보아도 좋다. 그런 측면에서 박시우의 시를 계보학의 층위에서 접근한 것은 정당하지 않다. 종삼주의에서 자유로운 박시우의 시를 보나 부각시키지 못한 한계가 이 글이다. 모든 속박과 굴레로부터 자유와 해방을 꿈꾸는 자체가 종삼주의의 이념이기 때문이다.

박시우의 시는 '짐노페디(Gymnopédie)로!'를 푯대로 삼는다. '평이한 구성과 단순한 형식에 실려 전개되는 순수하고 투명한 음악'의 형식 속에 인간답게 살아가고자 하는 신념을 담고자 한다. 이 일련의 행위가 모두 여성적 글쓰기로 수렴된다. 그래서 그의 시가 인간됨의 자유와 해방을 위해 날아가기를 게을리 하지 않으리라 믿는다.